Pe. Ferdinando Mancilio, C.Ss.R.

BÍBLIA, UMA CARTA DE AMOR!

EDITORA SANTUÁRIO

DIREÇÃO EDITORIAL:
Pe. Fábio Evaristo Resende Silva, C.Ss.R.

COORDENAÇÃO EDITORIAL:
Ana Lúcia de Castro Leite

REVISÃO:
Ana Lúcia de Castro Leite
Luana Galvão

ILUSTRAÇÕES E CAPA:
Reynaldo Silva

DIAGRAMAÇÃO:
Bruno Olivoto

ISBN 978-85-369-0397-2

1ª impressão

Todos os direitos reservados à **EDITORA SANTUÁRIO** – 2015

 Composição, CTcP, impressão e acabamento:
EDITORA SANTUÁRIO - Rua Padre Claro Monteiro, 342
12570-000 - Aparecida-SP - Fone: (12) 3104-2000

APRESENTAÇÃO

A Editora Santuário, cumprindo sua missão catequética e evangelizadora, coloca ao alcance dos pais, catequistas e das Comunidades a Coleção **Sementinhas de fé**. O projeto quer ser um subsídio que complemente e dinamize o processo catequético, oferecendo os principais elementos da fé cristã, numa linguagem simples e adequada à idade das crianças, que estão sendo iniciadas em sua vida de fé.

Os livros foram concebidos para serem bastante interativos, com ilustrações e tarefas que despertam o interesse da criança em explorar e conhecer os conteúdos que serão aprofundados na catequese. Portanto, os livros podem ser usados tanto no contexto da catequese formal, oferecida pelas Comunidades, como também pelos pais, pastorais e grupos que trabalham com crianças.

Há desenhos intencionalmente preparados para a criança colorir conforme sua percepção. É bom deixá-la colorir conforme seu desejo. Melhor o adulto não interferir, mas sim dar uma palavra de incentivo. Os catequistas ou os pais poderão ajudar a criança a penetrar cada página, mas jamais subtrair sua reflexão. Quando a criança fizer uma pergunta, essa jamais poderá deixar de ser respondida, e é bom lembrar que a resposta não deve ser além de sua pergunta.

Neste quarto volume, intitulado **Bíblia, uma carta de amor**, desejamos ajudar a compreender que a Palavra de Deus é manifestação de seu amor e nossa fonte de vida, lembrando a Palavra encarnada, que é Jesus, e a salvação que Ele nos trouxe.

Desse modo, esperamos colaborar com a formação humana e cristã das crianças, ajudando os pais e catequistas a ter em mãos um material que os auxilie nesse compromisso de fé.

Tudo o que for feito para ajudar as pessoas, a começar pelas crianças, seja para a glória de Deus e de seu Filho Jesus Cristo. Assim seja.

Pe. Ferdinando Mancilio, C.Ss.R.

BÍBLIA: UMA CARTA DE AMOR!

Você vai conhecer e compreender um pouquinho da história mais bonita da humanidade. Ela é a história de Deus com seu povo e do povo com Deus. Essa história, que vai durar para sempre, encontra-se na Bíblia, porque ela é a Palavra de Deus para todos nós.

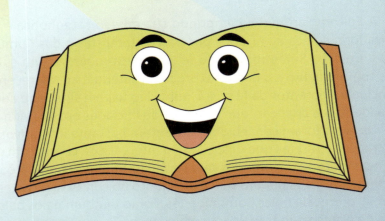

É BOM DEMAIS SER AMADO POR
DEUS, VOCÊ NÃO ACHA?
E É MUITO BONITO QUEM O AMA
DE VERDADE!
VOCÊ NÃO QUER AMÁ-LO UM POUCO
MAIS DO QUE JÁ O AMA?

A BÍBLIA TEM VÁRIOS SÉCULOS DE EXISTÊNCIA! ELA NÃO FOI ESCRITA DE UM DIA PARA O OUTRO. FORAM VÁRIAS PESSOAS QUE A ESCREVERAM.

Essas pessoas não escreveram por elas mesmas, ou seja, não disseram assim: "Eu vou escrever um livro da Bíblia". Não! Não foi assim. Os autores sagrados foram inspirados por Deus, por isso, o que eles escreveram é de Deus. Eles compreenderam que o que estava acontecendo na história humana tinha a mão divina no meio.

É ASSIM QUE DEUS AGE:

No meio de nossa história. Ele faz a história divina no meio de nossa história humana.

A Bíblia é um caminho que leva a Deus!

ESTÁ VENDO?

Deus vai caminhando conosco, nas coisas da vida, na história... Por isso você compreende que a Bíblia é um CAMINHO, pelo qual nós devemos passar para alcançar Deus!

Quando você abre a Bíblia não está abrindo um livro de História, de Ciências, de Geografia...
Você está abrindo um livro que contém muitos outros livros: são 73 livros na Bíblia. Mas, em primeiro lugar, esse livro é para nos mostrar o amor de Deus por nós e o caminho que devemos seguir para chegar pertinho de Deus.

Por que chamamos
ANTIGO TESTAMENTO?
Porque nele está o que foi escrito até o nascimento de Jesus entre nós! A partir do nascimento de Jesus começa o
NOVO TESTAMENTO.

APRENDENDO:

1. A Bíblia é a _____!
2. Foi Deus quem inspirou _____ e _____ a escreverem a Bíblia!
3. A palavra Bíblia significa uma pequena _____!
4. A Bíblia contém muitos _____!
5. Nela estão contidos _____ livros!
6. A Bíblia se divide em _____ e _____ Testamento!
7. A Bíblia é o _____ que me leva para Deus!

(1. PALAVRA DE DEUS – 2. HOMENS E MULHERES – 3. BIBLIOTECA – 4. LIVROS – 5. 73 – 6. ANTIGO E NOVO – 7. CAMINHO)

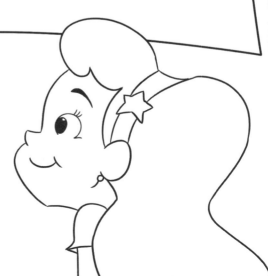

LÍNGUA EM QUE A BÍBLIA FOI ESCRITA:

Nós falamos, lemos e escrevemos em português. Mas a Bíblia foi escrita em outra língua. Foi escrita em hebraico, aramaico e grego. São três línguas antigas, bonitas, mas difíceis de aprender. Você poderá aprendê-las, mas tem de estudar bastante.

VEJA O EXEMPLO ABAIXO:

10 ¹SAINDO DALI, ELE FOI... ¹³QUERI... CRIANÇAS PARA QUE TOCASSE NEL...

O número grande em vermelho é o capítulo.
O número pequeno em vermelho é o versículo.
Acho que agora ficou fácil de entender, não é mesmo?

CAPÍTULOS E VERSÍCULOS:

Se você folhear a Bíblia, verá que há números pequenos no meio das palavras e um número maior sempre no comecinho das palavras. Sabe como se chamam? Então vamos lá:
O número grande chama-se CAPÍTULO.
O número pequeno chama-se VERSÍCULO.

APRESENTAR A JESUS UMAS
...

QUANTOS LIVROS TEM A BÍBLIA?

Você já sabe que a palavra Bíblia significa biblioteca. Não é uma biblioteca como a que você tem na escola. É uma biblioteca, mas é diferente, porque nela estão os livros sagrados.

O Antigo Testamento tem 46 livros.
O Novo Testamento tem 27 livros.
Portanto, a Bíblia inteira tem 73 livros!

O QUE É O MAIS IMPORTANTE NA BÍBLIA?

TUDO O QUE NELA ESTÁ ESCRITO É PALAVRA DE DEUS E É PARA NOSSO BEM. MAS O MAIS IMPORTANTE É A PESSOA DE JESUS, POIS ELE É A PALAVRA VIVA QUE O PAI DO CÉU NOS DEU DE PRESENTE, POR AMOR E PARA NOSSA SALVAÇÃO.

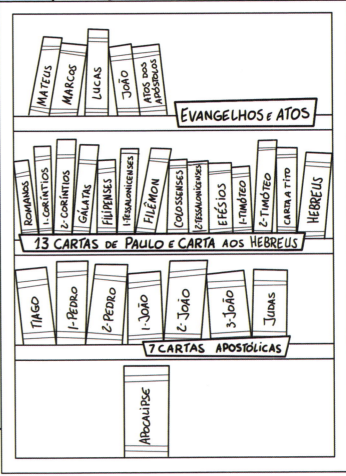

VAMOS REZAR:

Ó Papai do Céu, eu, papai, mamãe e meus irmãozinhos amamos muito o Senhor. O Senhor é muito bonito, pois olha para nós com muito amor. Eu fico feliz por conhecer um pouquinho de seu amor. Não quero me esquecer nunca de sua Palavra, que é força e vida para nós. Amém!

JESUS É O NOVO TESTAMENTO!
ELE É A PALAVRA VERDADEIRA!
ELE É O CENTRO DE TODA A BÍBLIA!
JESUS É O FILHO DE DEUS, QUE NASCENDO DE MARIA VEIO MORAR ENTRE NÓS, PARA NOS SALVAR, PARA VIVER NOSSA VIDA E NOS ENSINAR A VIVER.
ELE É NOSSO SALVADOR.
NASCEU DE NOSSA SENHORA, A VIRGEM MARIA ESCOLHIDA POR DEUS, PARA SER A MÃE DE JESUS. FOI ASSIM, PORQUE DEUS QUIS QUE FOSSE ASSIM. ESSE FOI O JEITO QUE ELE ESCOLHEU PARA NOS DAR SEU ÚNICO FILHO, JESUS.

Tudo na Bíblia se dirige para esse momento do NASCIMENTO, da VIDA, do ENSINAMENTO de Jesus. Ele é o CENTRO de toda a Bíblia. Sem Ele nada teria sentido.
Por isso que a partir de Jesus começa o Novo Testamento, o novo testemunho, novo jeito de pensar, outro modo de compreender Deus.

MATEUS   MARCOS

Ele é a PALAVRA viva do Pai do Céu entre nós! Ele é nossa salvação! Ele é nosso modelo e nossa inspiração.
Tudo o que Jesus nos ensinou está escrito no Evangelho.
Quem escreveu o Evangelho foram os Apóstolos: Mateus, Marcos, Lucas e João.
No Evangelho está todo o ensinamento de Jesus, o qual devemos seguir para nossa salvação.
Jesus realizou tudo o que havia sido dito sobre Ele, lá no Antigo Testamento. Mas, de agora em diante, o Evangelho é a PALAVRA que nem eu, nem você, nem seus coleguinhas, seu papai e sua mamãe podemos esquecer.

LUCAS

JOÃO

APRENDENDO:

1. Jesus é o Filho de _____ e nasceu de _____!
2. Ele é a _____ viva no meio de nós!
3. Seu ensinamento está escrito nos _____!
4. O Evangelho é tudo o que _____ nos ensinou!
5. Os evangelistas são: _____, _____, _____, _____!

(1. Deus-Maria – 2. Palavra – 3. Evangelhos – 4. Jesus – 5. Mateus-Marcos-Lucas-João)

VEJAMOS UMAS COISAS BONITAS QUE JESUS NOS ENSINOU:

"Se, portanto, eu, que sou o Senhor e o Mestre, lavei-lhes os pés, vocês também devem lavar os pés uns dos outros. Pois eu lhes dei o exemplo, para que façam como eu fiz" (Jo 13,14-15).

"Eu lhes dou um novo mandamento: que vocês amem uns aos outros. Assim como eu os amei, vocês devem amar uns aos outros. Amar uns aos outros é o sinal pelo qual todos ficarão sabendo que vocês são meus discípulos" (Jo 13,34-35).

"Este é o meu mandamento: Amem uns aos outros como eu os amei" (Jo 15,9).

"Deixai vir a mim as criancinhas e não as impeçais, porque o Reino de Deus pertence aos que são semelhantes a elas" (Mc 10,14).

"Quem não acolher o Reino de Deus como uma criança nele não entrará" (Mc 10,15).

Mateus = Mt / Marcos = Mc
Lucas = Lc / João = Jo

Jesus é nosso AMIGÃO. Por isso, nós o amamos, nós o escutamos e nós guardamos no coração tudo o que Ele nos ensinou.

CANTE OU REZE ASSIM:

"EU VOU CRESCER. EU VOU CRESCER. CRESCER, CRESCER, CRESCER, CRESCER PARA JESUS. E QUANDO EU ESTIVER DESSE TAMANHO ASSIM... EU QUERO TRABALHAR PARA JESUS SEM FIM!"

Nossa! Quanta coisa ainda temos para aprender de Jesus. Mas vamos, pouco a pouco, dia a dia, aprendendo as coisas bonitas que Ele nos ensinou. Lembre-se de trazer sempre em seu coração Jesus e Nossa Senhora. Eles amam você! Lembre-se de amá-los também!

AGORA VAMOS REZAR, DO JEITO QUE JESUS NOS ENSINOU:

Pai nosso, que estais nos céus, santificado seja o vosso nome; venha a nós o vosso reino; seja feita a vossa vontade, assim na terra como no céu. O pão nosso de cada dia nos dai hoje; perdoai-nos as nossas ofensas; assim como nós perdoamos a quem nos tem ofendido. Não nos deixeis cair em tentação. Mas livrai-nos do mal. Amém.

LEMBRE-SE DE REZAR PARA NOSSA SENHORA TAMBÉM:

Ave, Maria, cheia de graça,
o Senhor é convosco,
bendita sois vós entre as mulheres
e bendito é o fruto do vosso ventre,
Jesus.
Santa Maria, Mãe de Deus,
rogai por nós, pecadores,
agora e na hora de nossa morte. Amém.

GLÓRIA AO PAI: Glória ao Pai, ao Filho e ao Espírito Santo. Como era no princípio, agora e sempre. Amém.